DE L'ÉDUCATION INTELLECTUELLE SÉRIEUSE

DISCOURS

PRONONCÉ A LA DISTRIBUTION DES PRIX

DU PETIT SÉMINAIRE DE LA CHARTREUSE

Par M. L'ABBÉ URBE

SUPÉRIEUR DE L'ÉTABLISSEMENT

Vicaire général du diocèse, membre de la Société académique du Puy.

Imprimé par ordre de Mgr l'Évêque.

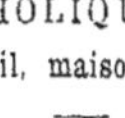

LE PUY

IMPRIMERIE CATHOLIQUE J.-M. FREYDIER

Place du Breuil, maison du Télégraphe.

1875

DE L'ÉDUCATION INTELLECTUELLE SÉRIEUSE

DISCOURS

PRONONCÉ A LA DISTRIBUTION DES PRIX

DU PETIT SÉMINAIRE DE LA CHARTREUSE

PAR M. L'ABBÉ URBE

SUPÉRIEUR DE L'ÉTABLISSEMENT

Vicaire général du diocèse, membre de la Société académique du Puy.

Imprimé par ordre de Mgr l'Évêque.

LE PUY

IMPRIMERIE CATHOLIQUE J.-M. FREYDIER

Place du Breuil, maison du Télégraphe.

1875

DISCOURS prononcé à la distribution des prix du petit Séminaire de la Chartreuse, par M. l'abbé Urbe, supérieur de l'établissement, vicaire général du diocèse, membre de la Société académique du Puy.

Monseigneur,

En dérobant aux sollicitudes pastorales des instants bien précieux pour venir présider cette fête, vous donnez à nos chers enfants et à nous-mêmes un témoignage d'intérêt paternel dont nous sentons vivement tout le prix. Mais en même temps votre présence nous rappelle ce que les familles, pour qui votre haute autorité est la garantie de notre enseignement, ont le droit d'attendre de nous. Nous ne saurions oublier en effet qu'une éducation donnée sous vos auspices, sous les auspices de l'Eglise, doit être d'abord une éducation éminemment chrétienne, mais, en outre, et sous tous les autres rapports, une éducation solide, une éducation sérieuse.

Une éducation sérieuse : Qu'est-ce à dire, Messieurs ? Y a-t-il donc, peut-il y avoir une sorte d'éducation qui ne soit pas sérieuse ? Est-il rien de plus sérieux dans son but, ne faut-il pas des efforts et des moyens sérieux pour l'atteindre ? En un mot l'éducation est-elle autre chose qu'une œuvre essentiellement sérieuse ? La question ainsi posée ne recevrait sans doute de tous qu'une même réponse. Et cependant, Messieurs, pour nous en tenir à une seule des branches de ce grand art de l'éducation, à celle qui a pour objet de cultiver les facultés de l'esprit, peut-il y avoir une éducation sérieuse sans études sérieuses, et peut-il y avoir des études sérieuses sans le temps que rien ne supplée, et sans une juste proportion de l'enseignement avec les forces intellectuelles de l'élève ? On a dit de l'instruction publique, telle qu'on nous l'a faite, au nom et par la puissance de l'Etat, qu'elle avait perdu en profondeur ce qu'elle avait gagné en superficie. Cette parole, qui n'est point d'un détracteur suspect de tendances rétrogrades, ne serait-elle point toute seule, si elle était vraie, une condamnation sévère? Une instruction sans profondeur, une instruction qui n'aurait en vue que la superficie, serait-ce de l'instruction sérieuse?

Qu'est-ce donc, Messieurs, en nous bornant à ce seul point de vue de l'instruction ou plutôt de la culture de l'esprit, qu'est-ce qu'une éducation sérieuse? C'est celle qui, se rendant un compte exact de sa fin, emploie sérieusement les moyens de l'atteindre. Elle a une vue nette de sa tâche, elle la prend au sérieux, et ne s'en laisse détourner par rien d'inutile ou de frivole; elle a pesé la valeur des méthodes: elle sait ce qu'elles peuvent et ne peuvent pas produire, et à quelles conditions doit satisfaire un système d'enseignement pour ne point fausser l'esprit de l'élève, au lieu de le former.

Souffrez, Messieurs, que nous donnions un certain développement à ce premier aperçu, en vous disant quels sont à nos yeux le but, les moyens et les conditions de cette partie de l'éducation qu'on a nommée l'éducation intellectuelle, la seule dont nous nous occuperons aujourd'hui.

Le but de l'éducation intellectuelle est pour nous tout entier dans ces deux mots : *former l'esprit*. Ils font déjà entendre qu'il s'agit ici de tout autre chose que de l'instruction nécessaire à telle ou telle carrière spéciale, de tout autre chose que du simple apprentissage d'une profession. Initier le jeune élève à ces connaissances générales qui ne font ni le négociant ni l'industriel, mais qui produiront l'homme cultivé et qui sont la condition et la clef de toutes les carrières appelées libérales: développer, par ce moyen, et rectifier l'imagination, la raison, le goût, le sentiment; orner la mémoire: donner à toutes les forces vives de l'esprit, le jeu, l'élan, la solidité nécessaires pour qu'elles s'appliquent plus tard à ce qu'exigera de l'homme fait la position sociale qu'il aura à occuper, parmi les classes éclairées de la société : voilà ce que se propose l'instituteur qui a l'intelligence et l'amour de sa mission. Pour lui, il ne s'agit pas de faire un érudit, mais un homme capable; il ne vise pas tant à donner à son élève un certain vernis d'instruction qu'à l'habituer à penser; il apprécie le résultat de ses efforts moins par ce qu'il parvient à lui faire *savoir* que par ce qu'il réussit à lui faire *pouvoir,* moins par la masse des notions confiées à sa mémoire que par la forte trempe donnée à son esprit. En un mot, il aime mieux, selon la pittoresque expression de Montaigne, *forger l'âme de son disciple que de la meubler.*

Forger l'âme, ou plutôt l'esprit de l'enfant, en d'autres termes, l'assouplir, le façonner, non sans labeur, pour en faire une puissance : voilà bien, en effet, Messieurs, le vrai but, le dernier mot de l'éducation intellectuelle.

Or, pour accomplir ce travail, *pour forger l'âme*, la sagesse des siècles nous a légué un système d'études auquel le temps a apporté et pourra sans doute apporter encore des améliorations, mais qu'on a vainement cherché à remplacer, et qui restera longtemps encore, selon toute apparence, la base de tout enseignement sérieux. Permettez-moi, Messieurs, de vous en esquisser l'ensemble en quelques traits. afin de vous en faire apprécier la sagesse, en vous en indiquant la portée.

L'enfant, dans ce système, est appliqué d'abord aux règles du langage. Il les étudie tour-à-tour dans sa propre langue et dans les deux plus belles langues de l'antiquité. Par là, il apprend déjà à démêler ses idées, à les comparer ensemble, à les suivre dans leurs combinaisons, à saisir les lois qui président à leur arrangement. Non sans doute qu'il se rende compte de tout cela, comme le philosophe accoutumé à formuler le résultat de ses recherches. Mais ce travail secret que le philosophe analyse avec admiration, l'enfant, pour le faire sans réflexion apparente, ne l'en exécute pas moins en s'appliquant à composer, à décomposer les éléments de sa pensée et à les ranger dans l'ordre que prescrit la logique des langues. N'est-ce pas dire, en d'autres termes, qu'il s'exerce à penser avec netteté et à s'exprimer avec justesse ? Et voyez, Messieurs, comme tout concourt ici harmonieusement pour développer ce jeune esprit sans jamais le charger d'une nourriture trop forte pour lui. Pendant qu'à cette excellente école, il s'initie, sans s'en douter, à ces précieuses qualités de netteté dans la conception et de justesse dans la parole, sa perspicacité et son discernement y trouvent, de leur côté, le stimulant et l'exercice qui vont les faire poindre. Son intelligence encore novice n'est point capable de s'attaquer aux problèmes ardus de la science : en voici qui seront plus à sa portée. Il a dû fixer d'abord dans son souvenir le texte même des règles, il a dû en calculer l'application sur des exemples : mais ce n'est là que le premier pas. Au milieu du répertoire varié de formes d'un langage très-différent du sien que lui offre sa mémoire, il faut qu'il choisisse celle qui convient; c'est-à-dire qu'il faut qu'il parte d'un principe, qu'il raisonne, qu'il pèse, qu'il discerne, qu'il décide. Tout cela peut paraître bien petit dans son objet : mais supputez toutes les facultés dont le jeune élève est obligé de faire ici l'emploi; considérez non pas tant ce qu'elles produisent directement que ce qu'elles gagnent elles-mêmes; comparez à l'enfant sans culture celui dont l'esprit s'est assoupli à ce vigoureux exercice de la pensée; demandez-vous enfin si vous trouveriez aisément quelque chose de mieux approprié à la portée de cet entendement naissant que cette lutte continue où tout ce qu'il a de force intellectuelle est obligé d'entrer en jeu, et, nous ne saurions en douter, vous aurez bientôt prononcé.

À ce premier développement va bientôt s'en joindre un

autre. L'imagination commence à s'éveiller : il faut la féconder et surtout la guider. Ici le rôle de l'étude des langues s'agrandit et s'élève. Ce sont les monuments impérissables de l'esprit humain, consacrés par l'admiration des siècles, qu'elles vont présenter à ce sentiment encore vague que le jeune homme a du beau, pour le fixer et le développer. Qui n'a été frappé, Messieurs, des facilités qu'offre la fréquentation des hommes bien élevés, surtout dans le jeune âge, pour acquérir l'élégance et l'urbanité des formes, la politesse du langage et jusqu'à un certain point la délicatesse de l'esprit ? C'est quelque chose d'analogue que produit l'étude des chefs-d'œuvre littéraires. Le jeune élève entre en commerce intime avec les génies les plus accomplis de tous les temps. La sensibilité dans ses nuances les plus délicates ; la grâce dans ce qu'elle a de plus enchanteur ; la distinction, la richesse et l'harmonie de l'élocution au service de la noblesse et de la profondeur des pensées, de l'énergie et de la chaleur du sentiment : voilà ce qu'il apprend à admirer tour-à-tour dans leur entretien, et tel est, pour ainsi dire, le milieu où il s'accoutume à vivre de bonne heure. En concevez-vous, Messieurs, de plus propre à développer cet instinct du beau, qui comprend ce qu'il y a de plus exquis dans l'âme humaine ?

Il reste à développer chez le jeune homme une faculté que toutes ses études précédentes ont travaillé sans doute à former, mais à laquelle il faut donner maintenant toute sa puissance et sa maturité : le raisonnement. Or, pour cela, la sagesse des siècles avait soumis la jeunesse à des exercices intellectuels où les Bossuet et les Bourdaloue avaient puisé cette netteté dans la conception, cette clarté dans l'exposition, cette vigueur et cet enchaînement dans les déductions qui entre pour une si grande part dans leur éloquence : je veux parler des exercices de dialectique. Et quand je rappelle ce passé, Messieurs, c'est, je l'avoue, parce qu'il m'est impossible de n'être point frappé du vide laissé dans l'éducation des classes élevées par l'oubli de cette vigoureuse gymnastique intellectuelle à laquelle, on l'a remarqué avec beaucoup de vérité, la langue et les lettres françaises sont redevables de quelques-unes de leurs qualités les plus caractéristiques : justesse, netteté et cette physionomie de bon sens, si j'ose m'exprimer ainsi, qu'on ne saurait trouver ailleurs au même degré.

Mais la dialectique n'avait pas seulement pour but d'exercer et de développer la puissance de raisonner : elle était regardée surtout comme un instrument des plus utiles pour aborder une étude d'un ordre plus élevé, qui devait être le couronnement de toutes les autres : j'ai nommé l'étude de Dieu et de l'âme humaine, tels que nous les fait connaître la raison, je dis la raison éclairée par la foi. Dieu, l'âme humaine, nous avons vu, il n'y a pas si longtemps encore, Messssieurs, ces grands objets éliminés, ou à peu près, des programmes d'études, non pas précisément par hostilité, non pas même peut-être par indifférence, mais parce qu'on désespérait d'empêcher un enseignement coupable de s'en faire un prétexte et une occasion pour pervertir l'esprit et le cœur de la jeunesse. Et cependant conçoit-on une éducation intellectuelle d'où ils seraient bannis ? Que mettrez-vous donc dans ces jeunes intelligences si vous n'y mettez ce qui est le principe le plus fécond des grandes et nobles pensées ? Et remarquez que je ne parle encore qu'au point de vue de la culture et de l'essor à donner à l'esprit; car si vous me permettez de me placer au point de vue des rapports de l'éducation de l'esprit et de celle du cœur, rapports inséparables, faisons-en l'observation en passant, ne serait-ce pas une négligence sans excuse, lorsqu'on sait quelles doctrines vont être bientôt jetées en pâture à ces jeunes âmes, quelquefois, hélas ! du haut même des chaires publiques; lorsque l'athéisme et le matérialisme les attendent, au sortir du collége, pour s'en emparer, ne serait-ce point, dis-je, une négligence impardonnable de n'y avoir laissé que le vide en fait de doctrines, de ne les avoir point prémunies contre les sophismes dont les passions impatientes vont tout à l'heure chercher à s'autoriser ? N'est-il pas, au contraire, clairement indiqué que des études philosophiques, sinon approfondies, du moins sérieuses et ayant un but sérieux, devraient précéder le passage toujours critique de la contrainte des classes à la liberté de tout voir, de tout lire, de tout entendre ? Pour ne parler ici, comme exemple, que des dangers qu'on a réussi à semer dans l'enseignement d'une partie des sciences naturelles, un cours sérieux de Psychologie placé au seuil de leur étude, serait, nous le disons avec une conviction profonde, un préservatif des plus efficaces, pour le jeune étudiant à l'esprit droit et au cœur sincère vis-à-vis de lui-même. Dans cette foule d'observations décisives, d'arguments péremptoires, au moyen desquels il y aurait touché du doigt, pour ainsi dire, la distinction de l'âme et du corps, il trouverait des armes invincibles contre les hypothèses aventurées, les affirmations tranchantes, les sophismes grossiers d'un faux savoir, qui n'est redoutable au fond que parce qu'il s'impose à l'ignorance et exploite, en s'aidant de la complicité du cœur, la facile crédulité d'une jeunesse désarmée. Mais j'ai dit, Messieurs un *cours sérieux:* car quel résultat voulez-vous attendre de quelques vagues notions jetées pêle-mêle dans la mémoire, pour *se tirer*, le mot est consacré, pour se tirer de l'épreuve qui est la condition du diplôme? Leur insuffisance n'est-elle pas déjà toute seule, un danger très-réel? Et j'écarte ici, Messieurs, la supposition d'un enseignement philosophique qui, par des réticences calculées, laisserait planer le doute sur les vérités les plus augustes; qui en affaiblirait les preuves à dessein: qui laisserait dans l'ombre ce qu'elles ont de plus saillant: car un tel oubli des devoirs professionnels, appelons-le par son nom, une telle félonie à l'égard de l'enfant.

de la famille, de la société, ne sera jamais, nous aimons à le croire, qu'une exception.

Des études philosophiques fortes et à la hauteur des formidables besoins de l'époque ; voilà donc quel devrait être, selon nous, le couronnement d'une éducation sérieuse. Nous avons dit : *quel devrait être*. Hélas ! pouvons-nous en effet exprimer ici autre chose qu'un regret et un vœu ?

Avons-nous besoin, Messieurs, d'ajouter qu'en insistant sur la haute importance d'un sérieux enseignement classique des grandes vérités de l'ordre spirituel, nous sommes loin d'avoir voulu diminuer celle d'un enseignement sérieux aussi, mais sagement proportionné aux forces intellectuelles du jeune homme, des sciences exactes et des sciences physiques ? Nous nous souvenons que la sagesse de nos pères en avait fait une partie intégrante de la philosophie. Nous savons aussi d'ailleurs quels précieux avantages on peut en retirer pour la haute culture de l'esprit. Les premières, en l'exerçant à la rigueur du raisonnement, en l'accoutumant à enchaîner ses déductions, en le conduisant par des méthodes aussi sûres qu'ingénieuses à la vérité clairement démontrée, lui font contracter l'habitude de ne point se contenter du décousu, du vague, de l'à peu près. En outre, elles sont en elles-mêmes un instrument des plus précieux et que bien des fois, dans le cours de la vie, on s'applaudira de savoir manier. Par les secondes, il se fortifie dans les grandes idées de l'homme et de Dieu qu'il a déjà puisées dans la philosophie. Il y apprend en effet, par cette foule d'observations et d'inductions fécondes qu'elles font passer sous ses yeux, à admirer la pénétration, la puissance de l'intelligence humaine, il y voit de quelle hauteur cet être chétif, l'homme, si peu de chose en apparence, domine cependant la matière, comme il sait l'interroger, la forcer de répondre, la façonner à son service, la plier à ses besoins. Et quand ces mêmes sciences, à l'aide des méthodes et des instruments qu'elles ont créés, lui font contempler, d'un côté, la puissance divine semant à profusion les soleils et les mondes dans l'immensité de l'espace, à des distances qui défient le calcul, qui déconcertent et effraient l'imagination elle-même ; quand elles la lui montrent, d'un autre côté, prodiguant des myriades d'organismes vivants dans l'océan d'une goutte d'eau ; quand elles lui découvrent ainsi l'incommensurable en grandeur et l'incommensurable en petitesse, et partout des harmonies merveilleuses, partout des lois aussi simples que fécondes, partout, en un mot, une sagesse sans bornes, ne sortira-t-il pas de ces études grandi et fortifié ? En même temps le cœur n'y trouvera-t-il pas une source d'émotions des plus salutaires, et réagissant à son tour sur l'esprit ne lui communiquera-t-il pas, avec le goût du sublime. des aspirations vers les régions supérieures où la pensée le rencontre ? Or tout cela n'est-ce pas de l'éducation la plus sérieuse et la plus élevée ?

Si j'ai réussi, Messieurs, à vous donner une idée de ce que doit être un système d'études propre à former sérieusement l'esprit, il me semble qu'il me sera facile d'en déduire les conditions sans lesquelles ce système lui-même, si bien conçu et si bien harmonisé qu'il soit dans toutes ses parties, ne produirait que des résultats frivoles, ou bien de vaines et trompeuses apparences.

La première de ces conditions est le temps. Le corps de l'homme se forme et se développe graduellement. Une croissance rapide n'est point un signe et un présage de force et de santé, elle peut aller jusqu'à alarmer à bon droit la sollicitude paternelle. Il n'en est pas autrement de l'esprit. Lui aussi ne se forme que par degrés. L'évolution intellectuelle n'est pas moins lente dans ses progrès que l'évolution corporelle. Vouloir la hâter, c'est presque toujours la compromettre. Le monde est plein de ces esprits avortés. prodiges à quinze ans, et qui, à trente, ne sont que des sots. C'est que la nature ne laisse pas enfreindre impunément ses lois; elle se venge sur l'arbre qu'une culture exagérée a forcé de donner des fruits avant le temps, en le frappant d'un dépérissement prématuré.

Le maître sérieux évitera donc la précipitation. Il n'exigera pas de l'enfant des progrès que son âge ne comporte point. Avant de demander des fruits à la plante, il attendra qu'elle soit mûre pour les donner. Il saura résister, au besoin, à l'impatience des familles qui, ne voyant dans son enseignement que la préparation d'où dépend le diplôme, et la condition importune de l'accès à une profession, lui crieraient de se hâter, parce qu'elles ont hâte elles-mêmes de voir leurs fils s'enrichir et jouir. Ah! Messieurs, n'est-ce pas un des symptômes les plus alarmants de notre époque que cet empressement d'un si grand nombre de parents à précipiter leurs enfants, aussitôt que possible, vers l'argent et vers la jouissance? Qu'attendre d'une telle tendance pour la régénération de la patrie? Ne serait-il pas coupable le maître qui, au lieu de la combattre, la favoriserait? Coupable envers la société et coupable envers l'enfant lui-même? Coupable envers la société qui a tant d'intérêt à ce que les classes éclairées, sa lumière et sa force, ne tombent pas dans une grossière décadence qui serait la sienne; coupable envers l'enfant, non-seulement parce qu'il sacrifierait la partie la plus noble de son être au profit de ce qu'il y a de plus bas. mais même parce qu'il compromettrait jusqu'à son avenir social. Ici, Messieurs, permettez-moi de vous citer une autorité qui n'est certes point une autorité cléricale. Elle n'en aura que plus de piquant et de valeur : c'est M. Jules Simon qui parle : « L'espèce « *d'entraînement*, dit le spirituel écrivain. empruntant à « la langue du turf un mot aussi expressif que pittoresque. l'espèce *d'entraînement* auquel l'enfant est soumis.... cette éducation qui ne mérite pas d'être ainsi

« appelée, abaissée à n'être qu'une préparation, un bour-
« rage..., qui tend uniquement à faire un élève de Saint-
« Cyr ou de l'Ecole polytechnique, à gagner tant bien que
« mal un diplôme de bachelier, qui ne vise qu'à cela, qui
« sacrifie tout à cet objet, non-seulement ne grandit pas
« beaucoup l'élève qui réussit, mais elle perd celui qui
« échoue ; elle le laisse sur le pavé incapable et vide ; car
« cette science qui ne lui a pas même servi à passer un
« examen, sortira en quelques semaines de sa mémoire,
« et elle ne vaut pas la peine d'être pleurée. » Nous n'ajou-
terons rien, Messieurs, car nous ne pourrions dire plus et, à
coup sûr, nous ne dirions pas aussi bien.

La seconde condition d'un enseignement sérieux est le
bon choix des matières qui en sont l'objet, leur juste proportion avec les forces intellectuelles du jeune âge, et l'application constante, de la part du maitre, à les faire
servir, avant tout, au développement de l'esprit de l'élève.
Le système d'études que nous avons esquissé se prêterait
aisément, vous l'avez déjà senti, Messieurs, à devenir une encyclopédie. Or, quoiqu'on fasse, on n'arrivera point à faire
du cerveau de l'écolier une bibliothèque, et certes, nous
l'avouons, la chose nous semble peu à désirer, si nous
en jugeons du moins par les résultats de ce qu'on a
voulu préconiser sous le nom d'enseignement pratique.
Je parle de ce système d'enseignement qui ne vise guère à
autre chose qu'à entasser les connaissances les plus dis-
parates et les plus mal digérées dans la mémoire de l'enfant,
qui ne se préoccupe guère que l'élève juge, comprenne,
raisonne, mais qu'il récite du latin, du grec, de l'histoire,
des mathématiques, toutes les matières de son immense
programme ; qui, au lieu d'attendre, comme la nature, la
venue des fruits en leur temps, procède comme l'industrie et veut exhiber un produit immédiat de savoir classique. Ici encore, Messieurs, qu'il nous soit permis de citer
une autorité peu suspecte, elle aussi, de cléricalisme. « Tout
« enfant, dit M. Demogeot, élevé exclusivement d'après

« cette méthode, possède une petite pacotille d'érudition
« déposée dans sa mémoire. Au premier signe, au moin-
« dre geste, il vous déplie avec complaisance toutes ses
« richesses,... et quand il vous les a montrées, il replie
« le tout proprement et le serre dans son souvenir. N'en
« demandez pas davantage : dans les circonstances ordi-
« naires de la vie, sa raison ne sera ni plus forte, ni
« plus souple, son goût ni plus sûr ni plus délicat, son
« savoir est une chose toute extérieure à lui-même ; il
« en est le trop fidèle dépositaire ; il n'y touche que dans
« les grandes occasions, quand il y a exposition des pro-
« duits de l'industrie enseignante. Vous vous souvenez que
« quand Phidias fit la fameuse statue de Pallas en ivoire
« et en or, il eut soin d'appliquer ce métal précieux de
« telle sorte qu'on pût le détacher sans endommager l'image
« de la déesse : eh ! bien, c'est à peu près ainsi que ce
« système applique le savoir ; vous pouvez le détacher,
« l'enlever sans inconvénient, vous ne dégraderez pas la
« statue. »

Tout autres sont les résultats de l'enseignement vraiment
sérieux, c'est-à-dire de celui qui « veut faire de la tête
« de l'enfant un instrument et non un entrepôt. Il sait (c'est
« toujours M. Demogeot qui parle), il sait que la nature
« suit une marche progressive dans l'épanouissement de nos
« facultés ; il ne se propose que de l'aider dans son travail,
« d'environner le fruit naissant d'une tiède atmosphère,
« d'offrir des sucs généreux à ses racines. Dans ce sys-
« tème, l'intelligence grandit, elle ne se charge pas, elle
« s'étonne même quelquefois de sa pauvreté. Mais qu'elle
« se console : cette faim de science, c'est l'appétit de la
« santé, il n'y a qu'un esprit bien constitué qui l'éprouve...
« Plus tard, quand les sages exercices d'une éducation pré-
« paratoire auront terminé la croissance de la raison, alors
« viendra l'instruction spéciale, alors elle armera pour la
« lutte de la vie, l'esprit devenu plus fort par la lutte des

« idées. Mais jusque-là, ne chargez pas votre élève d'un
« amas de faits indigestes, n'écrasez pas l'épaule d'un en-
« fant sous la massue d'Hercule. »

Non, Messieurs, n'ayons point la prétention de faire
porter aux épaules d'un enfant la massue d'Hercule. En
d'autres termes, n'ambitionnons point d'en faire un savant
avant d'en avoir fait un homme, bornons-nous à préparer
dans l'écolier l'homme capable : la tâche est encore assez
grande et assez étendue. C'est vous dire que si nous la
comprenons bien, elle doit savoir se limiter, en ce qui
concerne l'instruction proprement dite, à établir dans l'esprit de l'élève les points saillants du savoir, sans le faire
descendre à des particularités où ses forces s'épuiseraient
presque en pure perte, et d'où il ne retirerait guère autre
chose que la confusion dans ses idées. Ainsi, pour préciser
notre pensée, nous voudrions que l'étude de l'histoire, au
lieu d'être pour lui un labeur étroit d'érudit cantonné dans
de minutieux détails, eût pour principal objet d'étendre
l'horizon de son intelligence, en lui faisant embrasser
d'une vue ferme et nette les points culminants des siècles.
Nous voudrions qu'il sortît de cette étude, la mémoire
moins chargée de dates et de petits faits, mais en revanche
avec une connaissance solide et bien arrêtée des grands faits
qui dessinent et éclairent la marche de l'humanité à tra-
vers les temps. Nous laisserions aux lectures qui, au-delà
du collége et durant toute la vie, doivent compléter pour
l'homme instruit son éducation classique, à lui apprendre
l'histoire contemporaine depuis 89. Cette histoire touche de
trop près à la politique, pour qu'il n'y ait pas de graves in-
convénients et même des dangers sérieux à l'introduire dans
l'arène pacifique des classes. Pour ne parler que d'un seul,
ne l'avons-nous pas vue servir à aduler, à préconiser, à
glorifier, hélas ! pour le malheur de la Patrie, le césarisme
qui disposait alors des destinées de la France ? Qui sait si
demain elle ne servira pas à justifier et à exalter un autre

césarisme : le césarisme de ces hommes que, dans un certain parti, on n'a pas honte d'appeler nos pères de 93 ? — Dans les sciences physiques, nous voudrions que le maître se préoccupât surtout d'initier son jeune élève aux découvertes fondamentales, aux lois maîtresses dont la possession étend réellement le domaine de l'esprit, et laissât à l'enseignement spécial une foule de formules, très-ingénieuses sans doute, très-utiles au savant de profession, mais sans intérêt bien sérieux pour l'écolier ordinaire, et d'ailleurs presque toujours aussitôt oubliées qu'apprises. En littérature, nous croirions avoir atteint le but si nous avions développé chez le jeune homme le goût et l'amour du beau. Dans les études philosophiques, nous avons déjà dit ce que nous chercherions; mais permettez-nous d'ajouter que nous en bannirions sans hésiter ce triste inventaire des aberrations et des folies de l'esprit humain, qu'on a décoré du nom d'*Histoire de la Philosophie*, indigeste produit d'érudition, et d'érudition souvent malsaine, où le jeune homme comprend peu, n'apprend rien, mais où il peut rencontrer aisément les tentations du doute. Enfin, et pour résumer toute notre pensée, nous désirerions que les études classiques fussent des cadres bien dessinés, où vinssent plus tard se ranger, chacune à leur place, pour les compléter, les études ultérieures; car on aura beau faire, Messieurs, on aura beau entasser dans la mémoire de l'écolier, il n'en aura pas moins beaucoup à étudier, après les classes, s'il veut devenir un jour un homme sérieusement instruit.

Mais pour arriver seulement à ce but restreint que nous venons d'assigner aux études, il faudrait quelque chose de plus que la sagesse et la bonne volonté du maître, et quelque chose malheureusement qui ne dépend point de lui. Il ne peut oublier en effet que tout son enseignement est dominé par des programmes et des examens qui sembleraient, il faut bien le dire, et nous tenons à le dire, qui sembleraient avoir pour but beaucoup plus de faire ressortir à quels tours de force peut suffire la mémoire que de servir à constater la puissance réelle acquise par l'esprit dans son éducation, et qui font le désespoir de l'instituteur dévoué à son œuvre. Auriez-vous, en effet, ô maître par trop naïf, auriez-vous en vérité, la prétention de développer, de féconder les facultés de votre élève ? Votre élève voudra-t-il seulement vous écouter ? Non, ne lui parlez ni d'histoire dans le sens élevé du mot, ni de grande littérature, ni de véritable philosophie. Vraiment c'est bien là de quoi il s'agit pour lui ! Pourvoyez-le de la pacotille provisoire de faits, de dates, de noms, de mots, de vagues notions dont il a en perspective l'exhibition prochaine : à la bonne heure; et il sera satisfait de vous, et vous aurez justifié la confiance des familles, et les voix de la publicité signaleront les succès remportés par votre maison. Ne sommes-nous pas, en effet, Messieurs, témoins du triomphe d'une industrie que les Rollin et les Lebeau étaient certes loin de soupçonner, la fabrication du bachelier ? Que dis-je ? Ne voyons-nous pas les maîtres les plus consciencieux obligés de descendre jusqu'à rivaliser avec les entrepreneurs de baccalauréat ? Or, comment avec cela voulez-vous que puisse subsister un enseignement digne de ce nom ? Aussi ne craignons-nous d'être contredit par aucun instituteur sérieux, si nous disons que ces examens encyclopédiques dont l'homme le plus instruit pourrait bien hésiter à tenter l'aventure, sont la ruine des bonnes études. Étrange résultat que ce qui devrait être la sanction et le stimulant de l'éducation intellectuelle soit précisément la cause la plus énergique de sa décadence. N'est-ce pas là un avertissement bien grave qu'il y a ici une aberration dangereuse à rectifier et peut-être un vice radical à guérir ?

Enfin, dernier caractère et dernière condition de l'enseignement sérieux. Il tient grand compte des données de l'expérience et se défie de l'utopie. Il ne repousse point le progrès; mais il ne s'empresse point d'admettre sans contrôle ce qu'on lui donne sous ce nom. Prudence certes bien légitime dans un siècle où ce grand mot de progrès produit tant d'engouements et suffit pour mettre à la mode des innovations presque toujours mal calculées et souvent bien funestes ? Hélas ! sous prétexte de progrès, l'éducation, elle aussi, a eu ses révolutions, depuis l'application des utopies de l'*Émile* jusqu'à ces expériences désastreuses dont vous avez tous le souvenir présent, et, chaque fois, pour elle aussi, le progrès s'est traduit par décadence et ruine. Naguère encore, n'avons-nous pas vu cet enthousiasme capricieux de la passion du progrès, s'éprendre, en dépit de tous les esprits les plus graves, d'un système dont il a suffi, il est vrai, de bien peu d'années pour faire justice, mais qui n'en a pas moins laissé derrière lui bien des intelligences vides, bien des jugements faussés ? La *bifurcation* — que la langue de Fénélon et de Racine nous pardonne l'emploi de ce néologisme barbare — la *bifurcation* n'est déjà plus, à la vérité, qu'un souvenir, un souvenir presque lointain, quoiqu'il ne soit que d'hier : mais l'esprit qui a produit cette innovation malsaine et bizarre ne nous menace-t-il pas toujours ? Tant que la politique regardera comme une de ses attributions de donner un chef à l'instruction publique, en d'autres termes, tant que l'éducation de la jeunesse, c'est-à-dire tout ce qu'il devrait y avoir de mieux arrêté dans l'organisation sociale, sera abandonné aux flots mouvants d'une mer sans cesse agitée en sens contraire par les orages des partis, pouvons-nous espérer de rester à l'abri des innovations téméraires ? Le ministre qui succède au ministre déchu, peut-il n'avoir pas ses idées, ses théories, ses préférences, et peut-il ne vouloir pas profiter de son passage au pouvoir pour appliquer les unes et satisfaire les autres ? Or comment, parmi tant d'instabilité, pourrait se maintenir une éducation sérieuse ?

Si tout ce que nous venons de dire, Messieurs, avait besoin de confirmation, il nous suffirait, pour en rencontrer une bien éclatante, de jeter un simple regard sur notre passé littéraire. Le fait paraîtra bien incroyable, attendu nos idées modernes, et il y a presque de la témérité à oser le constater : c'est alors qu'on ne parlait ni de progrès ni d'éducation à la hauteur des besoins et des lumières du siècle; alors que l'Etat ne se doutait pas du devoir de tracer des programmes et d'intervenir dans des examens; alors qu'on entrait dans la société sans un certificat légal d'encyclopédie vivante; alors que les maîtres suivaient tout simplement le sentier battu par leurs prédécesseurs; alors qu'ils n'avaient pas même l'idée de donner à la jeunesse le savoir universel; alors que nos programmes et nos examens *de omni re scibili*, eussent excité leur étonnement, mais non certes leur admiration; alors que le but assigné à leurs efforts par un Rollin n'était pas autre chose que « d'accoutumer leurs élèves à un travail sérieux, « de leur faire estimer et aimer les sciences, et de leur en « montrer la route : » Oui, Messieurs, c'est alors, à cette époque arriérée, que se sont formés la langue française et le génie français : la langue française, avec ses incomparables qualités de régularité, de précision, de netteté, de finesse, qui en ont fait la langue des cours et de tout ce que l'Europe a compté, depuis deux siècles, de plus distingué : le génie français, cet heureux mélange de clarté et de profondeur, de justesse et de grâce, de souplesse et de force, de sage hardiesse et de fine réserve, de spirituelle sobriété et de noble aisance, d'esprit et de bon sens, qui règne encore sur le monde, et qui est resté l'arbitre et le modèle du bon goût jusque dans les arts, en apparence des plus indépendants des lettres.

Ne remontons pas si haut, Messieurs, reportons-nous seulement aux premières années de ce siècle. Lui aussi, dans le premier tiers de son cours, n'a pas été étranger à la gloire littéraire. Les Châteaubriand, les de Maistre, les de Bonald, les Royer-Collard, les Guizot, les Cousin, les Villemain, les Lamartine, les Vigny, ne figurent pas sans honneur dans l'histoire des lettres françaises. Or ces esprits éminents avaient été élevés sans fracas d'érudition, de science, de prétention au progrès, et tout uniment en suivant les méthodes anciennes. Ce qui nous reste de poètes, d'historiens, d'orateurs appartient par son éducation à la même époque. Pourquoi donc, depuis que s'est épanoui et à mesure qu'a fleuri le régime des programmes, des examens, de l'éducation selon le progrès moderne, pourquoi cette décadence des bonnes études dont on ne cherche plus même à faire mystère, et pourquoi, parmi la génération littéraire élevée et formée sous son influence, a-t-on tant de peine à trouver autre chose que la petite monnaie de nos grands écrivains ?

Messieurs, c'est l'honneur (pourquoi ne le dirions-nous pas), de l'enseignement dirigé par l'Eglise, d'avoir su se défendre de l'enthousiasme irréfléchi pour des progrès délétères, d'avoir toujours conservé la vue nette du vrai but des études et des vrais moyens de l'atteindre. Mais à quel prix? Il n'y a pas longtemps encore, quand, d'un côté, des flatteries intéressées ; de l'autre, les aveugles engouements de l'ignorance préconisaient à l'envi cet étrange système de la *bifurcation*, pour ne parler que de lui, que d'accusations élevées contre l'éducation des maisons chrétiennes ! Comme on était heureux et fier de lui jeter cette épithète de *routinière*, toujours bien venue auprès des sots, parce qu'elle ne se prêtait que de mauvaise grâce à une aventure dont elle ne prévoyait que trop les résultats. L'expérience a été courte et elle n'est pas à refaire. Elle nous aurait appris, une fois de plus, si nous en avions besoin, avec quelle défiance il faut accueillir les innovations dans une matière aussi importante et aussi délicate que l'enseignement.

Mais, tout en protestant, Messieurs, contre cette désastreuse tendance à renverser les traditions reçues, n'avons-nous pas été contraints nous-mêmes, ne le sommes-nous pas

encore d'en subir, dans une large mesure, les tyranniques
exigences? On nous a dit, il est vrai : la loi ne vous assure-
t-elle pas la liberté des méthodes? Oui, si nous pouvions
oublier que celui-là est le maître des méthodes, qui est le
maître des programmes et des examens. Or n'y a-t-il pas
une puissance inéluctable qui trace les premiers et de qui
dépendent les seconds? Asservi par la nécessité aux uns et
aux autres, on se résigne donc, on courbe la tête, on fait
courber celle de l'élève sous le joug, eût-on la conviction
intime qu'il dépasse la moyenne des forces. On se tour-
mente dans l'impossible, et on use son courage et son
énergie pour des résultats dont on n'a que trop prévu et
dont on est le premier à déplorer la médiocrité désolante.

A cela, Messieurs, quel remède ? Pas d'autre que la
liberté de mieux faire, la liberté du moins de ne point
mal faire.

Qu'on ne soit donc pas étonné si l'enseignement, qui
a reçu de la loi elle-même le nom de libre, ne cesse
de protester contre les servitudes trop réelles et trop nom-
breuses qui pèsent encore sur lui ; s'il demande, non
certes à être affranchi du contrôle et de la sanction de
l'épreuve, mais à n'être pas sous la pression des méthodes
mesquines et tracassières qui le faussent, et qui font la
ruine des études sérieuses.

Certes, Messieurs, l'Eglise de France, depuis qu'une
liberté, pourtant bien restreinte, lui a permis de reprendre
sa vieille œuvre d'élever la jeunesse, a déjà assez fait pour
laisser entrevoir ce qu'on peut attendre d'elle, le jour où
elle pourra se livrer sans contrainte à ses inspirations
fécondes. Des établissements nombreux et florissants ont
été créés par elle, et ont versé dans toutes les carrières
libérales une foule de chrétiens instruits. Sans parler du
sacerdoce, l'armée, la magistrature, toutes les classes éclairées, l'assemblée même des représentants de la nation
comptent dans leurs rangs une foule d'esprits distingués

formés sous ses auspices, qui ne le cèdent à aucuns pour l'étendue et pour l'élévation. Si elle n'a pas fait mieux encore, à qui la faute? Qu'on cesse de l'entourer d'injustes défiances, de lui faire une nécessité d'un système auquel elle répugne, parce qu'elle en connait et déplore les vices, qu'on ne lui marchande plus l'air et la liberté de ses mouvements ; qu'il lui soit possible enfin de déployer ce génie pour l'éducation dont toute son histoire est la longue et l'éclatante preuve, et elle l'appliquera tout entier au profit, non-seulement de la Religion, mais aussi de la Patrie; car l'Eglise de France, Messieurs, nous ne nous lasserons point de le redire, n'a jamais séparé, ne séparera jamais ces deux grands objets : Religion et Patrie; et si elle aspire à voir la première recouvrer sur la société son légitime empire, c'est parce qu'elle sait bien que rien ne saurait être plus efficace pour régénérer la seconde. La gloire littéraire elle-même est pour elle un héritage tout ensemble et religieux et patriotique, héritage redoutable sans doute, mais dont elle s'efforcera du moins toujours, qu'on en soit sûr, de ne pas se montrer trop indigne ; car elle ne saurait oublier ce que lui imposent les noms des Massillon et des Bourdaloue, des Fénélon et des Bossuet.

J. M. J.

www.ingramcontent.com/pod-product-compliance
Lightning Source LLC
LaVergne TN
LVHW012111170726
843501LV00008BC/2825